El dinero y comercio en nuestro país

Shelly Buchanan, M.S.Ed.

Asesoras

Shelley Scudder
Maestra de educación de
estudiantes dotados
Broward County Schools

Caryn Williams, M.S.Ed.
Madison County Schools
Huntsville, AL

Créditos de publicación

Conni Medina, *M.A.Ed., Gerente editorial*

Lee Aucoin, *Diseñadora de multimedia
    principal*

Torrey Maloof, *Editora*

Marissa Rodriguez, *Diseñadora*

Stephanie Reid, *Editora de fotos*

Traducción de Santiago Ochoa

Rachelle Cracchiolo, *M.S.Ed., Editora
    comercial*

Créditos de imágenes: Portada, págs.1,
12, 24–25 Getty Images; págs.16–17 Norbert
Michalke/AGE Fotostock; pág.19 Erik Isakson/
AGE Fotostock; pág.4 Alamy; págs.28, 29 (abajo)
Associated Press; págs.9, 11, 27, 32 iStockphoto;
pág.10 Library of Congress [LC-USZ62-41874];
pág.14 Library of Congress [LC-USF33-
011056-M1]; pág.18 Library of Congress [LC-DIG-
ppmsca-19044]; pág.23 Library of Congress [LC-
USZ62-95653]; pág.20, págs.24–25 Newscom;
todas las demás imágenes pertenecen a
Shutterstock.

Teacher Created Materials
5301 Oceanus Drive
Huntington Beach, CA 92649-1030
http://www.tcmpub.com
ISBN 978-1-4938-0546-4

Índice

Esta niña intercambia dinero por ropa.

¿Qué es el comercio?

El **comercio** es una palabra que oyes a menudo. Puedes oír que tus maestros o padres la usan. Los reporteros de noticias también la usan. Es una parte importante de nuestra nación.

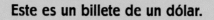

Este es un billete de un dólar.

Dólares y centavos

Hace mucho tiempo en Estados Unidos, cada estado usaba dinero diferente. Hoy en día, todos los estados usan el mismo dinero.

El comercio sucede cuando la gente compra, vende o cambia cosas. El sistema de comercio y dinero en nuestra nación se llama **economía**. La economía es la manera en que la gente hace, compra y vende cosas.

La economía también consiste de **recursos**. Los recursos son cosas que una nación tiene y puede usar para ganar dinero. La gente usa los recursos para hacer cosas y venderlas. Los recursos naturales son materiales que se encuentran en la naturaleza. El agua, el petróleo y la madera son recursos naturales.

Esta rueda hidráulica usa agua como un recurso natural.

Algunos de estos recursos son ilimitados. El agua y el aire siempre están ahí. Pero otros recursos son limitados. Esto significa que pueden agotarse. El petróleo y la madera son limitados. Por esto, la gente debería plantar un nuevo árbol cada vez que corta uno.

Esta es una bomba de petróleo. El petróleo es un recurso natural limitado.

El comercio ayuda a las personas a conseguir lo que desean y lo que necesitan. Las *necesidades* son las cosas que debemos tener para vivir, como los alimentos, la ropa y la casa. Los *deseos* se refieren a cosas que no necesitamos, pero que nos gustaría tener, como juguetes, música y juegos.

Estas personas compran alimentos en 1942.

Es importante comprar cosas que necesitamos antes de comprar las que deseamos. No siempre conseguimos las cosas que deseamos. ¿Puedes pensar en otros ejemplos de necesidades y deseos?

Los juguetes son divertidos, pero no los necesitamos para vivir.

Productores y consumidores

Se necesitan muchas personas para que el comercio y la economía funcionen. Tanto los **productores** como los **consumidores** son necesarios. Los productores usan recursos para hacer bienes o cosas. Estos bienes también se llaman *productos*. Luego, los productores venden sus productos. A la gente que compra estos productos se le conoce como *consumidores*.

Estas mujeres están produciendo zapatos.

Los productores también ofrecen servicios. Un *servicio* es el trabajo o la ayuda que está para la venta. Un plomero que repara un fregadero ofrece un servicio. El plomero es un productor. La persona que paga por el servicio es un consumidor.

Este hombre presta un servicio al instalar un fregadero.

Todos somos productores y consumidores. Piensa en los bienes y servicios que usas. ¿Alguna vez compras libros o te hacen un corte de pelo? Eso te convierte en un consumidor porque estás usando dinero para comprar bienes y servicios.

Estos niños compran gaseosas en 1950.

¿Ganas dinero por hacer quehaceres en tu casa? Eso te convierte en un productor porque los quehaceres son servicios. ¿Puedes pensar en otras maneras de actuar como un consumidor o productor?

Cómpralo en línea

La Internet está cambiando la forma en que la gente compra bienes y servicios. Hoy en día, la gente puede comprar casi cualquier cosa en línea.

Estas personas hacen compras en línea.

Trabajando juntos

Todos dependemos unos de otros para conseguir lo que necesitamos y deseamos. Si no contamos con los recursos para hacer algo por nuestros propios medios, podemos comerciar unos con otros.

Este agricultor cultiva maíz en 1936.

Algunos alimentos, como el maíz, no se dan bien en ciertas partes de nuestro país. El maíz se da mejor en estados como Iowa. Por lo tanto, las personas que viven en otros estados pueden comprar maíz cultivado en Iowa. Así, todos pueden disfrutar los mismos tipos de alimentos. Podemos conseguir lo que deseamos y necesitamos.

¿Por qué Iowa?

El maíz se da bien en Iowa porque este estado recibe muchas lluvias. También cuenta con los suelos fértiles que el maíz necesita para crecer.

Este es un cultivo de maíz.

La demanda por estas botas es baja, por ello están en rebaja.

Oferta y demanda

La **oferta** es la cantidad de un bien o servicio que hay para la venta. La **demanda** es la cantidad de gente que quiere comprar ese bien o servicio. La oferta y la demanda establecen el precio de los bienes y servicios. El precio es lo que cuesta algo.

La demanda aumenta cuando compramos cosas.

Si hay una gran cantidad de un bien y solo unas pocas personas lo quieren, entonces el precio será bajo. Ese bien podría venderse incluso en rebaja. Esto significa que se vendería a un precio menor. Pero si hay un pequeño número de un bien y una gran cantidad de gente que lo desea, entonces el precio será alto.

¿Auge o crisis?

A veces, la economía es fuerte. Esto significa que hay una gran demanda de bienes y servicios. Para satisfacer esa demanda, los productores venden muchos bienes y servicios. Ganan dinero. Luego, usan ese dinero para comprar otros bienes y servicios.

Estas personas compran y venden bienes en Nueva York en 1901.

La mayoría de la gente gana dinero cuando la economía es fuerte. Hay muchos empleos y una gran cantidad de comercio.

Este hombre produce y vende alimentos.

Estos hombres no pueden encontrar trabajo. Están esperando para recibir una moneda de cinco centavos en una iglesia en la década de 1930.

A veces, la economía es débil. Esto significa que la demanda de bienes y servicios es baja. Las tiendas pueden quebrar y cerrar. Las personas pueden perder sus trabajos. A veces, no pueden encontrar otros nuevos. Esto es un problema para la economía.

Cuando la demanda es baja, algunas tiendas quiebran.

Si las personas no consiguen trabajo, no pueden ganar dinero. Esto significa que no pueden comprar cosas. No tienen dinero para gastar en bienes y servicios. Entonces, los productores pierden dinero.

La economía funciona en **ciclos**. Esto significa que la economía a veces es fuerte, y otras veces es débil. Cuando la economía es fuerte, se dice que hay un *período de auge*. En ese momento muchas personas tienen trabajo. Ganan y gastan dinero en cosas que desean y necesitan.

La gente tiene más dinero para comprar cosas en los períodos de auge.

Luego, viene un *período de crisis*. En ese momento, la economía se desacelera. Se vuelve débil. Las personas pierden sus trabajos y no ganan dinero. Hay menos comercio de bienes y servicios.

Esta madre perdió su trabajo en un período de crisis en 1936.

Un **gobierno** está compuesto por los líderes de una nación. Nuestro gobierno trata de hacer que la economía sea fuerte. Hace que las personas comercien con justicia. También trata de ayudar a las personas a ganar dinero. Hace esto creando trabajos para las personas. La construcción de carreteras y la limpieza de parques dan trabajo a las personas. Estos trabajos también ayudan a la comunidad.

Estos hombres trabajan para el gobierno en 1934.

El gobierno paga los trabajos con el dinero de los **impuestos**. Los impuestos son el dinero que las personas pagan al gobierno. Con este dinero se pagan cosas como carreteras y escuelas.

Estos trabajadores del gobierno asfaltan una vía.

El dinero, el comercio y tú

Tú eres parte del comercio de nuestra nación. Eres un productor y un consumidor. Tú y tu familia pagan por los bienes y servicios. Ofreces servicios en tu casa o comunidad. Puedes lavar los platos o pasear al perro del vecino.

Este niño pasea al perro del vecino.

Cuando seas grande, tendrás un trabajo. Ganarás dinero y pagarás impuestos. ¿Qué harás y cómo gastarás tu dinero? ¿Qué papel jugarás en la economía de nuestra nación?

Esta niña quiere ser doctora cuando sea grande.

¡Apréndelo!

Pide a un adulto que te ayude a conocer a un trabajador de tu comunidad. Pregunta al trabajador por su trabajo. Averigua qué productos o servicios presta.

Esta niña habla con una agente de policía.

Este niño ayuda a una veterinaria.

Esta niña conoce a un bombero.

Glosario

ciclos: conjuntos de eventos que ocurren una y otra vez en el mismo orden

comercio: la compra, venta o intercambio de bienes y servicios

consumidores: personas que compran bienes o servicios

demanda: la necesidad de adquirir bienes y servicios

economía: el sistema de bienes y servicios que se hacen, compran y venden en un país

gobierno: grupo de líderes que toman decisiones para un país

impuestos: el dinero que las personas tienen que pagar al gobierno

oferta: la cantidad de bienes y servicios para la venta

productores: personas que fabrican bienes o prestan servicios

recursos: cosas que un país tiene y puede usar para ganar dinero

Índice analítico

¡Tu turno!

Necesidades y deseos

Los niños de esta foto juegan con juguetes. Los juguetes son deseos porque no son necesarios para vivir. Piensa en algunas cosas que necesitas. Piensa en algunas cosas que deseas. Haz una lista de cada una. Comparte las listas con tus amigos o con los miembros de tu familia.